AUPRÈS DU 25ᵐᵉ RÉGIMENT DE MARCHE

AUPRÈS DU 25ᴹᴱ RÉGIMENT DE MARCHE

DE

L'ARMÉE DE LA LOIRE

Une visite au 2ᵐᵉ Bataillon de la Gironde

IMPRESSIONS DE VOYAGE

Par l'abbé J.-B.-A. BOYER

curé de Cussac-Médoc

BORDEAUX
IMPRIMERIE DUVERDIER ET Cⁱᵉ (DURAND, DIRECTEUR),
rue Gouvion, 7.

1871

ÉMINENCE,

Vous avez bien voulu m'autoriser à faire une *visite pastorale* à mes chers enfants de l'armée de la Loire... J'y suis allé. A mon retour, j'ai mis sur le papier quelques notes, quelques réflexions sous forme de lettres *à un ami.*

Je ne pensais alors nullement à la publicité, quand j'ai dû céder aux instances de quelques personnes qui ont jugé que mon travail pourrait être *utile et agréable à beaucoup.*

En écrivant cette lettre à *un ami,* je n'en avais aucun en vue; si j'avais eu à en choisir un, je l'aurais voulu rempli d'amour pour la patrie, mais du patriotisme tel que je le proclame dans le cours de l'ouvrage, c'est-à-dire se manifestant de trois manières :

Patriotisme par le sang et la personne — Patriotisme par l'argent — Patriotisme par la prière

A quel patriote *plus dévoué, plus généreux, plus pieux,* et plus confiant dans l'assistance du ciel, pourrais-je dédier cette lettre, qu'à vous, Monseigneur ?...

D'ailleurs, Eminence, puisque j'ai dit : *lettre à un ami,* n'êtes-vous pas l'ami le plus sincère de vos prêtres ?...

Daignez donc, Monseigneur, accepter la dédicace de ce petit ouvrage et lui accorder votre paternelle bénédiction.

A. BOYER,
Cur de Cussac-Médoc.

Mon cher ami,

J'arrive de mon voyage avec mes souvenirs et mes impressions; heureux du bonheur que j'ai apporté à nos chers enfants de la Loire, et des consolations que j'ai versées à mon retour dans le cœur de leurs parents.

Pauvres familles!... Elles sont si attristées par les douleurs de l'absence et par la pensée des dangers toujours imminents auxquels cette pauvre jeunesse est exposée!!.. Elles ont bien besoin d'une voix amie, mais sincèrement amie, qui vienne faire diversion aux désolants tableaux de feuilles, qui, pour faire prévaloir leur politique, ne respectent pas la vérité, si respectable à tant de titres, et ménagent encore moins le cœur des mères, trop porté à prendre avec avidité, le côté fâcheux de leurs navrants récits.

Je vous ai promis quelques mots sur mon voyage; je veux tenir ma promesse : puissent mes réflexions porter leurs fruits; je ne voudrais pas livrer à ceux qui me liront de vaines paroles propres, à satisfaire simplement leur curiosité; mais je veux, par-dessus tout, les édifier.

Si parfois je me vois dans la cruelle nécessité de *peindre vrai*, ce ne sera que pour la moralité et pour faire ressortir la nécessité de recourir au remède.

Depuis le commencement des opérations de la guerre, je m'étais voué plus particulièrement à cette part si douce du ministère pastoral qui consiste à verser le baume de la consolation dans le cœur des affligés.... Ils sont nombreux dans mon troupeau ces cœurs affligés. Déjà *quatre-vingt-huit* jeunes gens arrachés à leur famille.... *quatre-vingt-huit* familles en deuil, anxieuses sur le sort de ces chers enfants. Peu de nouvelles de leur part, contradiction dans les lettres de quelques-uns, exagérations apparentes dans le récit de quelques autres ; de là, le désir pour nous tous de recevoir des renseignements sûrs. Je crus donc être agréable à mes chers paroissiens, en entreprenant d'aller voir ceux qui se trouvaient réunis en plus grand nombre, le 2me bataillon du 25me régiment de marche. C'est d'ailleurs sur ce point que sont fixés tous les regards : cette armée de la Loire est l'espoir de la Patrie, la ruine de l'ennemi ; c'est elle qui nous a ouvert les portes de la victoire dans les plaines de Coulmiers.

Donc, le lundi soir, 21 novembre, fête de la Présentation de la Très-Sainte Vierge, après avoir consacré ma paroisse, le diocèse et *la France* au sacré cœur de Jésus, je suis parti emportant avec moi l'expression du dévouement, de l'amour et de la sollicitude des pères et des mères pour leurs enfants et de l'admiration de tous pour les défenseurs de la Patrie.

TOURS

J'arrive à Tours. J'avais à m'y arrêter afin de me munir, auprès du ministère, des autorisations nécessaires pour circuler librement aussi bien sur la voie ferrée, encombrée par les transports militaires, que dans les camps dont les abords sont par moments gardés par de vigilantes sentinelles.

Je ne vous dirai pas mes impressions sur la ville : j'examinais peu, je ne voyageais pas en touriste; d'autres, d'ailleurs, paysagistes distingués, ont raconté les agréments de cette ville, animée par circonstance, d'une vie qui pourtant était sur le point de l'abandonner; mais je commençais à voir là le prélude du branle-bas de la guerre. Malgré la pluie torrentielle de la saison, c'était un mouvement de soldats de toutes armes : troupes de ligne, chasseurs à pied, mobiles, cuirassiers, artilleurs avec leurs pièces et leurs caissons, zouaves, francs-tireurs de tous les départements, etc... L'ennemi, disait-on, menaçait les contrées du Mans, on y transportait des troupes... Ce mouvement, dont je ne m'étais pas encore fait une idée, n'était pourtant qu'un *specimen* de ce que j'ai vu plus tard. A la gare, sur les boulevards, dans les rues, aux abords des divers ministères, partout un va-et-vient de gens de toutes sortes : militaires, bureaucrates, hommes de négoce, intéressés, curieux.... Tours avait hérité de la dépouille de Paris, elle en avait un peu le mouvement.

L'esprit bien occupé et le cœur bien inquiet par la vue de cette jeunesse si nombreuse, si pleine d'entrain, défilant devant moi et que j'entrevoyais déjà décimée par la mitraille ennemie, et qui par sa mort allait ajouter un deuil à tant d'autres deuils, j'allai prier avec ferveur sous les voûtes de la cathédrale ornée d'une multitude de pieux fidèles de tous rangs, de toutes conditions, de soldats de tous grades, confiant, avant leur départ, au Dieu des armées le sort de la Patrie.

J'attendais le passage d'un train pour continuer ma course sur Orléans. J'avais encore quelques instants.... *Abondance de biens ne nuit pas*.... dit-on.... Une bénédiction de plus pour moi et mes chers enfants!...

Je vais à l'archevêché, je reçois de Monseigneur l'Archevêque de Tours, l'accueil le plus affable ; il connaissait le but de mon voyage. J'ai vu cette tête vénérable.... J'ai causé avec ce pieux prélat, qui, par sa sainteté plus encore que par sa cordiale et chevaleresque hospitalité ([1]), a gagné le cœur du Ministre de la justice, comme il n'est pas possible de gagner un cœur.... Puisse ce cœur sentir que les vertus de l'Évêque, émanent essentiellement de Jésus-Christ, dont il continue la mission sur la terre!!. Je m'agenouillai et je recueillis avec bonheur cette parole : « *Allez, mon bien cher, allez voir vos enfants, portez* » *leur ma paternelle bénédiction.* » N'a-t-elle pas porté son fruit, cette bénédiction? Le 2me bataillon du 25me régiment de marche a soutenu le feu de la mitraille de l'ennemi dans la retraite d'Orléans, et j'ai sous les yeux une lettre d'un de nos enfants qui nous dit : *Nous arrivons à ***, tous nos camarades de Cussac sont sains et saufs!!*..

([1]) M. Crémieux (israélite), Ministre de la justice, logeait à l'Archevêché. Il est constant que, par suite du commerce journalier de la vie, M. le Ministre a voué à Monseigneur de Tours un culte de vénération bien mérité. — J'ai entendu dire depuis, à Bordeaux, que *de tous nos Ministres, M. Crémieux était le plus catholique.*

ORLÉANS

Après bien des difficultés, bien des ennuis, d'interminables retards, conséquences des incessants encombrements de la gare et de la voie ferrée pour le service de la guerre, j'arrive à Orléans dans la nuit du mardi au mercredi. Le mauvais temps d'un côté, de l'autre l'incertitude de trouver un abri à pareille heure dans une ville que je visitais pour la première fois, me décidèrent à chercher dans la salle d'attente de la gare un peu de repos dont je sentais déjà le besoin. J'avais là un bien grand nombre de *compagnons d'infortune*, pour la plupart, des soldats appartenant au corps des francs-tireurs. Après avoir causé quelques instants sur nos craintes, sur nos espérances, sur les faits d'armes passés, sur certains plans de campagne, nous nous sommes installés, qui sur une chaise, qui sur un fauteuil, celui-ci sur le canapé, celui-là, et j'étais de ce nombre avec beaucoup d'autres, sur le plancher de la salle ; mais, me disais-je, nos chers enfants nous ont écrit, qu'au camp le terrain est fortement détrempé par la pluie ; ici je suis plus durement, sans doute, mais la couche est sèche, confortablement abritée et délicieusement chauffée ; aussi, grâce à la fatigue d'une nuit passée déjà dans l'insomnie, je m'endormis bientôt.

Le sommeil ne fut pas de longue durée ; longtemps avant le jour, les préparatifs de prochains départs, l'impatience de cinq ou six cents voyageurs pris comme moi au dépourvu de domicile, le mouvement ordinaire des gares, et surtout celui si extraordinaire d'une gare comme celle d'Orléans en pareille occurence, nous empêcha de reposer. En attendant le jour, je me promenai sous la grande halle de la gare où tout est transformé; j'arrivai *au Buffet* : j'aurais été aise d'y trouver un supplément au léger déjeuner pris la veille à trois heures de l'après-midi.... Mais à la place, une immense ambulance. Si mon estomac n'y trouva pas son compte, mon cœur de prêtre fut heureux. Là étaient réunis des malades et des blessés, où se confondaient des soldats qui naguère faisaient le coup de feu les uns contre les autres, et qui, pour le moment, fusionnaient dans le même culte, celui de la souffrance, et recevaient le même bienfait, celui de la charité.

Je ne veux pas, mon cher ami, anticiper sur mes réflexions, une lettre sera consacrée aux ambulances; mais si jamais je me suis senti prêtre, c'est bien à ce moment où j'ai vu, pour la première fois, une des tristes conséquences de la guerre.

Il est jour : je vais à la recherche d'une maison qui m'avait été indiquée; je devais y recevoir l'hospitalité pendant mon séjour à Orléans.

Je veux et je dois consacrer cette partie de mon récit à la reconnaissance. Je ne nommerai pas, mais il n'est pas un Orléanais qui, après m'avoir lu, ne proclame la charité, le zèle, la piété, le dévouement personnifiés dans une respectable veuve, entourée de gens vivant de sa vie, pieux et charitables comme leur maîtresse.

C'est dans le faubourg Bannier, ce quartier d'Orléans si cruellement éprouvé dans la première occupation des Prussiens, que, près de la chapelle de Notre-Dame-des-Aydes, on voit une trentaine de maisons qui ne sont plus qu'un amas de ruines enfumées; une grande partie du faubourg est textuellement criblée par les projectiles destructeurs.

Près de là, une maison parmi bien d'autres se distingue par deux drapeaux : celui de l'ambulance et celui de la France. Je n'ai pas visité une à une les nombreuses habitations d'Orléans, marquées de ce glorieux insigne, mais il n'est pas possible de le porter plus noblement que le n° 66. *Drapeau blanc et croix rouge* : amour de Dieu et du prochain, pureté d'intention dans la répartition de ses œuvres de charité. *Drapeau Français*: tout ce que l'hospitalité peut avoir de généreux, de noble, de Français en un mot, m'a été accordé et a été assaisonné de la plus exquise délicatesse. A l'heure où j'écris, les Prussiens ont peut-être souillé de nouveau le seuil de cette porte?... Mais non!... J'espère qu'ils auront été arrêtés par *un des leurs* qui, de l'intérieur de la maison où il est encore couché sur son lit de douleur, leur criera : « Halte!... respectez mon bon ange!... Hommage à celle qui, sous l'écorce d'un Prussien, n'a vu en moi qu'un frère racheté par le sang de Jésus-Christ! »

Je vais voir la ville : je ne puis la juger! je vous l'ai dit, mon bon ami; j'avais d'autres préoccupations; puis, que voir au milieu de ce tohu-bohu? J'avais vu du mouvement à Tours; mais de quelle autre sorte est celui au milieu duquel je me mouvais moi-même!... à Orléans, la guerre vue de plus près : des passages considérables de troupes allant rejoindre leurs devancières, allant grossir l'armée, allant peut-être combler les vides faits déjà par le plomb meurtrier.

Sur la promenade dite *le Mail*, des milliers de charrettes (7,000, m'a-t-on assuré) bivouaquaient en plein air, attendant l'heure du départ pour porter à l'armée provisions et munitions. C'est un coup d'œil bien difficile à décrire. Toutes ces charrettes sont de formes et de grandeurs différentes, à deux ou quatre roues, telles que *le réquisiteur* les a trouvées. Elles sont parquées dans un désordre indicible. Elles sont toutes recouvertes d'une toile blanche soutenue en berceau sur des cercles pour l'agencement desquels nulle régularité n'a été observée. Sur cette toile est imprimée l'indication du corps d'armée, du régiment, de la division, etc., auquel est destinée la charge de la charrette, et enfin le numéro d'ordre. Les chevaux qui ont traîné ou doivent traîner ces véhicules sont attachés à une de leurs roues, et garnis de leurs harnais, dont ils n'ont probablement pas été débarrassés depuis le commencement de la campagne. Les conducteurs ont un costume à peu près uniforme; mais ce qui ne varie pas, c'est le chapeau ciré ou le berret sur le devant duquel est reproduite, en petit format, l'inscription de la toile de la charrette. L'homme pas plus que le cheval n'a son *chez soi*. Il dort quand il peut et sous la toile de la charrette; sa nourriture, il la prépare en plein air comme le soldat au camp. Inutile de dire que c'est une malpropreté indescriptible, occasionnée par la paille et le foin gaspillés par les chevaux, le fumier, la boue, résultat du mouvement incessant de ces milliers de chevaux et de véhicules. La circulation, on le comprend, devient difficile. Les arrivées, les départs en diverses directions se croisent constamment; ce mouvement ne se fait pas sans hennissements de chevaux, sans claquements répétés des fouets, sans cris et jurements des charretiers, sans impatience de ceux pour lesquels la colonne ne se meut pas assez promptement, ordres, contre-ordres, etc., etc., cris des marchands qui veulent vendre leurs denrées à cette myriade d'employés des réquisitions....

Ces véhicules se rendent à destination par files qu'il est difficile de compter. Je n'exagère pas en vous disant qu'allant un jour au camp de Saint-Péravy (c'était le jour néfaste pour nos pauvres *tirailleurs Girondins* à l'affaire de Varize), la voiture qui me portait a côtoyé une de ces files de charrettes, sur une longueur de dix à douze kilomètres. Que dire de ces nombreux troupeaux de bœufs, de vaches, de moutons, partant pour aller paccager aux environs des camps et destinés à la nourriture de nos soldats?... Ils ne contribuent pas peu au mouvement que je cherche à décrire. Tels sont les abords de la gare.

Dans toute la ville, point de promeneurs comme à Tours, point de cette multitude de crieurs de nouvelles *plus ou moins fausses*, plus de ces vendeurs étourdissants *d'écœurantes caricatures* comme à Tours; plus de militaires, en grande partie officiers de bureaux, luisants et pimpants comme aux jours des plus belles revues de parade, mais des militaires, en tenue de campagne, grand nombre portant sur eux les stigmates de la guerre; des milliers de gens courant en tous sens plutôt que marchant, affairés, distraits, préoccupés; les habitants eux-mêmes, inquiets, consultant l'un et l'autre à leur retour du camp, sur le résultat des opérations militaires, sur les craintes du retour ou les espérances de la mise en fuite de leurs si importuns visiteurs.

D'innombrables fourgons sillonnent la ville du nord au midi, du couchant au levant, transportant un immense matériel de guerre : outils de toutes sortes, planches, madriers, bateaux, etc., etc.... Je me perdais dans la contemplation de toutes ces choses; aussi, disais-je à un de mes compagnons de classes que j'ai rencontré là, allant voir son fils faisant partie de l'armée de la Loire : *Ceux qui n'auront pas vu, ne pourront jamais se figurer ce qu'entraîne après soi la guerre!!!...*

J'aurais à vous dire l'attitude d'Orléans à l'endroit de la guerre, mais j'y reviendrai; je me propose de vous parler *du Patriotisme;* malgré tout ce qu'on a pu dire, Orléans n'en a pas manqué.

LE CAMP

J'avais vu en 1845 le camp de Saint-Médard aux environs de Bordeaux ; j'avais suivi ses exercices, ses manœuvres, ses parades, etc... J'avais vu ces tentes bien propres, bien alignées, ces baraquements bien agencés, ces cuisines en plein vent, ces jolis petits jardins autour des tentes, ornés d'une multitude de petits monuments, *œuvre du soldat désœuvré*.... J'avais cru jusqu'alors que je savais ce que c'est qu'un camp ! — Dans quelle illusion j'étais !!! Je voudrais, mon cher ami, vous dire toutes mes impressions d'aujourd'hui.... Je n'ose.... Je m'insurge contre tous ceux qui dans les journaux mettent des récits de nature à contrister le cœur de tant de bonnes mères ; mais comme les misères du camp, quelque grandes qu'elles soient, ne sont après tout à les bien prendre que des misères d'une bien minime importance, laissez-moi vous dire tout. Parmi toutes les mères, il n'y en a pas de plus tendres, de plus aimantes que celles que j'ai chez moi : je leur ai tout raconté en toute vérité : elles ont accepté ce que je leur ai dit, et nous avons tiré cette conclusion :
« *Plaise à Dieu que les misères du camp soient les*
» *seules que nous ayons à déplorer pour nos en-*
» *fants !.... bien sûrs qu'après les avoir subies ils*
» *nous reviendraient meilleurs !....* »

Une armée est en campagne.... Elle marche dans la direction où elle doit rencontrer l'ennemi. Elle trouve une position qui lui paraît favorable à ses opérations, elle s'y arrête. Peu lui importent les agréments du site, les commodités, le confortable de la vie... Position favorable, c'est tout ; nature du terrain, facilité pour les approvisionnements, proximité de l'eau, du bois, etc., tout cela est indifférent : *A la guerre comme à la guerre.*

Pendant que nos journaux déblatéraient à l'envi contre le gouvernement « *sur la manière dont nos soldats étaient traités* », j'ai été convaincu par moi-même de l'exagération du reproche, et je suis persuadé que le gouvernement agit *au mieux, dans les limites de ses moyens*. J'ai vu le camp de Gidy tout détrempé par les pluies de la saison, nos enfants piétinant dans la boue.... Mais où aurait-on pu trouver un terrain d'une autre nature, dans ces immenses plaines de la Beauce?.... J'ai vu nos soldats rire de leurs infortunes, plaisanter sur leurs misères, résignés à leur triste sort, ne soupirant qu'après un bonheur, celui de courir sus à l'ennemi. Mais en attendant, voici un aperçu de la vie du camp en présence de l'ennemi.

Je vous l'ai dit : l'armée est en marche.... Le général, qui *seul* connaît et doit connaître les mouvements stratégiques, a fixé les points.... Les divers corps de l'armée font halte.... Tel régiment, tel bataillon, telle compagnie, tel escadron de cavalerie, telle batterie d'artillerie ont leurs places désignées : ils s'y installent au mieux.

Parmi cette multitude de soldats, les uns dressent la tente ; *les corvées* vont à la recherche de la paille pour le coucher, du bois pour la cuisine. Dans la cavalerie on soigne d'abord les chevaux, les cavaliers se soignent après. Le fourrage, le son, l'avoine sont pris sur les charrettes qui suivent l'armée et distribués dans les râteliers et les crèches improvisés, *la terre*.... On s'occupe avec activité de réparer le matériel endommagé.... On distribue le pain, le biscuit, le sel, le café, qui constituent l'ordinaire du soldat.... Les troupeaux arrivent.... L'abattoir est tout prêt : c'est le milieu d'une pièce de terre ; les bêtes sont immolées, dépouillées, dépecées sur leur peau, *ou à peu près* ; elles sont partagées entre les diverses escouades ; les cuisiniers font *la popote ;* de la propreté, il ne faut pas y songer !.... Une petite aventure, si vous voulez bien !....

C'était au camp de Chevilly, non moins détrempé par la pluie que celui de Gidy ; je causais avec un de nos jeunes mobiles occupés à préparer la soupe : la marmite était au feu contenant la ration d'eau pour faire *le potage* à dix de son escouade; tout près de lui, sur la boue (il n'avait ni table ni serviette), une énorme portion de bœuf ou de vache qui attendait sa destination ; un camarade veut entrer sous la tente, la viande lui fait obstacle, il la repousse du pied, elle vient rouler près de moi, non sans s'être identifiée, au moins par la couleur, à la route qu'elle venait de suivre. Je crus un instant que ce morceau était un morceau abandonné... *Mon Chevet* de le prendre d'une main, de l'autre de le nettoyer légèrement avec un peu d'eau prise dans la marmite, et après l'avoir dégagé du *plus gros*, l'envoyer dans la marmite se faire.... bouillon.

Chacun d'installer son petit intérieur, les uns de réparer sur leurs vêtements les injures du temps et des accidents ; d'autres, il faut le dire à la louange de beaucoup qui ont quitté le pays, mais qui y ont laissé leur cœur, de s'empresser de donner des nouvelles à la famille : « *Je vous écris ces deux mots » pour vous dire que ma santé est bonne; je désire » que la présente vous trouve de même....* »

Les *ordonnances* de courir aux commissions.... Ceux qui ont de l'argent à la poche, d'aller ou d'envoyer *aux provisions*. L'industrie se mêle partout, profite de tout. Ce ne sont pas seulement les charettes de réquisitions qui suivent l'armée; mais des marchands de plusieurs sortes : pain, fruits, viande, charcuterie, vin, liqueurs.... A l'entrée du camp, le soldat qui a reçu de l'argent (et je l'affirme ici l'ayant vu), *qui en reçoit trop*, trouve de quoi se donner un large supplément au maigre menu d'ordinaire, aussi beaucoup en usent, plusieurs en abusent. Ils devraient songer qu'au pays un père, une mère s'imposent souvent les plus rudes sacrifices pour envoyer un peu d'argent *au pauvre fils*, et qu'après la guerre, les impôts et autres conséquences de ce triste fléau vont jeter dans notre pauvre France une misère des plus affreuses.

L'occupation n'est pas peu de chose : c'est l'entretien des armes, les factions multipliées devant les tentes et les faisceaux et à toutes les issues du camp, les appels réitérés, l'inspection des armes et, quand le temps ou plutôt le terrain le permet, les exercices. J'ai parlé plus haut du désœuvrement du soldat dans un camp d'instruction, il n'en est pas de même au camp devant l'ennemi.

Je ne terminerai pas cette lettre sans consacrer quelques mots *à la compagnie de grand'gardes :* Tous les jours, à tour de rôle, une compagnie part avec armes et bagages et va camper aux avant-postes; ses factionnaires sont plus nombreux; les consignes sont plus sévères, les ordres plus formels, les infractions à la discipline plus rigoureusement punies; c'est que de l'exactitude, de la vigilance des *grand'gardes* dépend le salut de l'armée, le succès d'une victoire. Les sentinelles avancées ont-elles surpris les éclaireurs, les avant-postes de l'ennemi, la compagnie de *grand'gardes* se replie sur le gros de l'armée et, par ses indications, la défense se fait avec intelligence.

Aussi la vie du camp est une vie exceptionnelle; on y vit non pas au jour le jour, mais à la minute la minute.... C'est une vie d'incertitude, une vie de crainte, une vie d'espérance. Une alerte fait prendre le sac au dos, plier le campement, au besoin même *renverser d'un coup de pied la marmite* pour que l'ennemi ne profite pas de la privation qu'aura dû s'imposer le soldat.... La colonne se remet en marche; ce sera peut-être pour un, deux kilomètres, peut-être pour revenir au même endroit : toujours nouvelle installation....

Je viens, mon bon ami, de relire mon article *du camp;* je suis honteux de la diffusion de mon style, de l'incohérence presque de mes idées, mais excusez-moi bien ; je ne me livre pas à mon imagination ; je copie le tableau tel qu'il est : que trouver de régulier, d'ordonné, de frappant, dans le camp tel que je l'ai vu, dans cette immense fourmilière qui se meut en tous sens, qui souffre sans contredit, qui ne pense plus au passé, qui regarde toujours en avant sans songer au danger qui la menace, mais qui est excitée par l'espérance de la victoire, le besoin du repos et la perspective des douceurs de la famille ?

LA GUERRE

Je voudrais, mon cher ami, pouvoir vous dire sur ce sujet des choses qui ne seraient pas trop tristes ; mais ce n'est pas possible. La guerre est tout ce qu'il y a de plus déplorable. Elle est triste dans ses préparatifs, vous l'avez vu par ce que je vous ai raconté ; triste dans son action, puisque ce n'est que destruction des hommes et des choses ; triste dans ses conséquences : deuil et misère la plus profonde.

Je vais vous dire d'abord ce que j'ai vu : j'ai vu des blessés dans les ambulances, et c'est bien navrant. J'ai vu des villages entiers qui ont été la proie de l'incendie. J'ai vu des maisons démolies en partie pour le service de la guerre, des propriétés dévastées. Et ces plaines immenses de la Beauce, littéralement labourées par les pieds des hommes et des chevaux, par les roues des charrettes, des fourgons et des trains d'artillerie ; et les superbes récoltes en blé qui devaient servir à une partie de l'alimentation de la France, anéanties. J'ai vu partout la plus grande consternation.

Je voudrais borner là cette lettre, n'ayant vu que ça ; mais, mon cher ami, pourquoi n'entrerais-je pas dans quelques détails?.... Ils sont bien déchirants !.. Mais ils ont une moralité. Le correspondant fidèle auquel j'emprunte mon récit, dit très-judicieusement : « Pourquoi, au lieu d'aller promener sa sanglante majesté autour des bassins de Versailles, le funèbre roi de Prusse ne va-t-il pas visiter les champs de bataille où les victimes sont tombées par milliers?.... Puisse du moins le récit suivant passer sous ses yeux et les tableaux qu'il renferme troubler ses nuits pour jamais.... Puisse le captif volontaire de Sedan, dans les lugubres loisirs qu'il a su se procurer, méditer sérieusement sur la honte de ceux qui déchaînent sur les peuples le fléau de la guerre. »

Et pour nous, mon cher ami, nous en tirerons cette conséquence, que puisque la guerre est un si grand mal, il faut demander à Dieu avec plus de ferveur de la faire cesser. Depuis que j'ai lu ce récit, ma prière n'en est que plus suppliante.

« Voulant donner une description complète du champ de bataille, je me décidai à aller me promener parmi les morts, et à constater les ravages faits par le canon, le chassepot et le fusil à aiguille.

» D'après ce que j'avais vu pendant la bataille, je jugeai que Villiers serait le point le plus favorable pour mon exploration. Ce village est à mi-chemin de Brie et de Champigny. En approchant, je trouvai deux chevaux et un zouave étendus morts sur la limite. L'un des chevaux était mort sur la route, l'autre dans la campagne. Le zouave était adossé à une muraille. Deux obus les avaient tués tous les trois et détruit une partie de la maison.

» Villiers avait été bombardé. Les bombes étaient tombées de toutes parts, emportant les toitures, traversant des murs de pierre et répandant partout la destruction. Une seule maison, un château, semblait sauf et intact.

» Dans le jardin, les obus avaient labouré le sol et jeté la terre de tous côtés. Le château lui-même est le séjour d'une dame française qui n'a cessé de l'habiter, bien qu'il soit exposé au feu, et elle vient de donner asile à un officier saxon qui fut blessé au dehors. Elle doit avoir un courage héroïque, car, sans parler même des jours de combat, les bombes ne cessent de tomber sur Villiers.

» Il y a un parc tout juste à l'extrémité du village, du côté de Paris. C'est là que la bataille a sévi, le 30 novembre et le 2 décembre. Le château est occupé par des officiers. Combien il est changé! Il n'y a pas un châssis de fenêtre qui reste dans l'une des façades, et pour entrer il n'est pas nécessaire de passer par la porte : le mur est en pièces, du haut en bas, à une douzaine d'endroits. Je suis entré du côté de la porte et, au premier pas, j'ai vu dix Saxons morts, étendus les uns sur les autres.

» Leurs visages étaient couverts et trois de leurs camarades veillaient sur leurs cadavres. Traversant le parc dans la direction de Paris, je franchis une brèche de la muraille et me trouvai sur une colline où avait eu lieu le combat le plus meurtrier.

» Dieu ! quel coup d'œil ! Voir les hommes s'avançant sous le canon des forts et tombant à chaque pas : voir les Français et les Saxons au milieu de cet horrible fracas d'artillerie, s'abattant les uns les autres à coups de fusil; entendre ces hourrahs suivis d'une formidable volée; puis, la fumée dissipée, voir les rangs éclaircis et les survivants marcher sur les corps des morts et des moribonds, c'était horrible! Mais ce n'était rien encore auprès du spectacle de ce champ de bataille couvert de cadavres étendus sur la terre gelée, et le soleil éclairant leurs visages contractés et leurs membres roidis, tandis que les canons de Nogent et d'Avron faisaient trembler le sol à des lieues à la ronde.

» Un des premiers groupes que je vis était composé de trente soldats français. Des Wurtembergeois et des Saxons gisaient autour d'eux : mais les Allemands avaient déjà enlevé et enseveli la plupart des leurs. Au centre du groupe, il y avait quarante cinq cadavres tellement serrés qu'il eût été difficile d'en introduire un dans le tas. Les hommes étaient tombés épaule contre épaule comme ils marchaient. La plupart avaient les pieds dirigés du côté de Paris et la tête du côté de Villiers! Hélas! il était évident que la plupart d'entre eux n'étaient pas morts sur-le-champ, mais avaient survécu pendant plusieurs heures, sans qu'une main amie pût les secourir, et cela dans la neige et le givre.

» Un pauvre diable était étendu le visage contre terre. Deux balles l'avaient frappé au dos. Il était en partie déshabillé et il était mort, une main sur chacune de ses blessures.

» Plusieurs avaient ôté leur havre-sac, l'avaient placé sous leur tête, et, sur cet oreiller, avaient rendu le dernier soupir.

» D'autres serraient leur gourde, mais n'avaient pu enlever le bouchon, et étaient morts sans avoir pu humecter leurs lèvres dans les tortures de l'agonie.

» Quelques-uns, dans leurs souffrances, avaient moulé leur visage dans l'argile et avaient retourné *vers le ciel*, avant de mourir, leur face ensanglantée.

» J'en ai vu deux dont les bras étaient tendus et les points étaient serrés comme s'ils s'étaient livrés à un pugilat. Très-peu gisaient sur le côté. Sur quelques visages rayonnait un sourire angélique; on eut dit des figures de cire. D'autres portaient la trace d'une horrible agonie. Leurs muscles étaient contractés; ces malheureux avaient convulsivement retiré les jambes jusqu'à ce que les genoux leur entrassent dans l'estomac, et leurs ongles s'étaient incrustés dans la paume de leurs mains.

» Derrière ces cadavres, il y en avait d'autres, Saxons et Français. J'en ai vu un qui avait une horrible blessure au visage. Il avait retiré ses mains dans ses poches pour les réchauffer, mais sa casquette était tombée et des caillots de sang avaient tassé sa chevelure en nattes épaisses. Un autre avait pris un biscuit dans son sac, de l'eau dans sa gourde et avait avalé quelques bouchées. *Plus d'un de ces infortunés étaient morts les mains jointes, dans l'attitude de la prière, et, à côté d'un mort, on a trouvé un médaillon en plâtre, de la très-sainte Vierge*, une balle en avait ébréché le bord.

» Beaucoup d'hommes tenaient encore sous le bras leurs fusils.

» Tout le plateau entre Villiers et Brie, entre Villiers et Champigny, présentait le même coup d'œil, et parmi les cadavres étaient des havre-sacs, des casques, des baïonnettes et des lettres cachetées à l'adresse de parents et amis en France et en Allemagne.

» Près d'un cimetière, situé sur le champ de bataille, j'ai vu des soldats français rangés les uns près des autres pour être ensevelis en cet endroit. Tous appartenaient à l'armée régulière, et la plupart avaient de vingt-cinq à trente ans.

» Aucun armistice n'a été accordé pour l'enlèvement des morts et des blessés, mais des deux côtés on les a enlevés pendant la nuit. Jusqu'à hier soir on a trouvé parmi les morts des blessés allemands, qui sont en ce moment à l'hôpital.

» Mais je crois que vos lecteurs en ont assez des horreurs du champ de bataille. Pouvons-nous espérer que ce sera le dernier ? Il n'y a pas un homme qui puisse le voir sans éprouver le fervent désir qu'il en soit ainsi. »

XX***

Après le triste tableau du champ de bataille, édifions-nous par les sentiments si nobles, si patriotiques du général Trochu.

Sursum corda.
Élevez vos cœurs.

« Le combat, dans sa réalité, est un drame saisissant. Il remue profondément l'âme humaine, et la soumet, alors même qu'elle est préparée par de généreuses inspirations, par l'éducation, par l'habitude, à des épreuves multipliées, variables, imprévues. Celles qui viennent assaillir les officiers chargés du commandement à ses divers degrés, avec une responsabilité proportionnelle, diffèrent de celles qui atteignent la foule des combattants, mais tous en ont leur part, et la plus lourde pèse naturellement sur le commandant en chef.

» Devant ces épreuves, les hommes sont inégaux entre eux ; et souvent il arrive qu'ils sont très-inégaux par rapport à eux-mêmes, c'est-à-dire par rapport à ce qu'ils ont été dans d'autres combats. C'est que le ressort, l'entrain, la bravoure, l'intelligence elle-même ont leurs bons et leurs mauvais jours. Les préoccupations de famille ou d'affaires, l'état du moral, l'état de la santé, l'excès du chaud, la faim, la soif influent invinciblement sur les dispositions que chacun apporte dans la lutte. On sait que dans les guerres du premier empire, on distinguait entre la valeur, l'Empereur présent, et la valeur, l'Empereur absent, de certains généraux, et que la confiance des soldats, dans les mêmes circonstances, s'exaltait ou s'affaiblissait. Enfin de grands revers, dont les effets sont redoutables parce qu'ils sont généralisés et s'étendent à tout le monde, introduisent, avec le doute, la tiédeur dans l'esprit et quelquefois dans les efforts des troupes.

» Je résume ces observations en disant qu'aucun homme de guerre dirigeant, fût-il à l'épreuve de cent combats, ne peut, sans excès, répondre absolument d'avoir, à un jour donné, la pleine et entière possession de ses facultés directrices; qu'aucun exécutant n'est assuré de se ressembler toujours à lui-même, et de rester toujours au-dessus des impressions qui peuvent le saisir. Et ma conclusion, que j'ai déjà exprimée ailleurs, c'est que, entre toutes les qualités d'un homme de guerre, celles qui témoignent le plus hautement de la solidité de son caractère et de la réalité de sa valeur, *c'est la modestie.*

» D'un autre côté, le combat enflamme le patriotisme, le courage, le dévouement, les ambitions. Toutes ces causes certaines d'excitation et les causes possibles d'affaiblissement que j'ai énumérées se partagent les esprits et les agitent en sens différents. Il semble que, par la diversité des sentiments, des émotions, des intérêts, des passions que provoque l'instant de la crise, on puisse à l'avance en mesurer la grandeur.

» Cette agitation des esprits, soigneusement contenue, reste latente pendant le cours des mouvements qui précèdent le combat; et lorsque la troupe arrive à cette zone où le sifflement des premiers boulets lancés de loin, et encore inoffensifs ou à peu près, ses impressions ne se manifestent que par un silence profond. C'est le moment, pour les hommes qui commandent, d'agir sur l'esprit des troupes françaises, auxquelles il faut montrer un visage serein et faire entendre des paroles enflammées que leur porte une voix vibrante. C'est à ce moment que l'empereur Napoléon, parcourant le front des lignes prêtes à s'engager, trouvait des mots qui électrisaient le soldat : « En avant! la France vous re- » garde! »

» C'est aussi l'heure de manœuvrer, c'est-à-dire de prendre les formations tactiques que conseillent les dispositions du terrain, les mouvements de l'ennemi et les circonstances. Car les troupes sont encore tout entières à leurs généraux, elles ont les yeux sur eux, elles attendent tout d'eux, et elles obéissent silencieusement à leur parole. Encore un instant, et leur voix et toutes les voix du commandement seront dominées par la tempête du combat. Le canon se rapproche et tonne; la fusillade éclate. Les boulets passent en trouant les lignes; les balles pleuvent en blessant et tuant; des ondes de mitraille, dessinées sur le sol par les soulèvements réguliers d'une poussière épaisse, cheminent en ricochant vers les rangs, les atteignent et les renversent. L'atmosphère est tourmentée par mille bruits à la fois sourds et aigus. Le terrain se couvre de morts, de mourants qui expirent dans d'intraduisibles convulsions, de blessés qui se traînent péniblement, cherchant l'abri des haies, des fossés, des murs de clôture, pour échapper aux pieds des chevaux et aux roues de l'artillerie. Partout des amas d'armes, de coiffures, de havre-sacs; partout des chevaux étendus ou qui errent épouvantés sans maîtres, annonçant à l'infanterie immobile que la charge vient de passer près d'elle Des soldats accumulés en nombre toujours excessif autour des officiers blessés, les transportent sur les derrières, cherchant le drapeau rouge des ambulances et réclamant des secours. Des groupes dépareillés, qui ont subi des pertes extraordinaires, désertent le combat, la tête égarée, annonçant que l'ennemi les suit, que tous leurs camarades ont été tués, que tout est perdu. D'autres groupes réguliers, venant des réserves, opposent aux premiers le contraste de leur confiance et de leur ardeur; ils courent en avant, s'excitant mutuellement à une offensive résolue.

» O vous tous, hommes de gouvernement et de commandement, qui avez été les témoins de ces crises indescriptibles, dites, pensez-vous qu'à *ce moment* l'appât de la gloire pour quelques-uns suffise à soulever les cœurs soumis à de telles épreuves? Non, il leur faut un plus noble excitant.

» Il leur faut le haut sentiment des grands devoirs et du sacrifice. C'est alors que, dans leur liberté, ils marchent fermement et dignement à la mort. Et parmi eux, ceux-là ont la sérénité qui croient à une autre vie. »

Général Trochu.

LES AMBULANCES ET LES AUMONIERS

Vous venez, mon cher ami, de voir la guerre dans toutes ses horreurs. Il faut pourtant le reconnaître ici, malgré ses cruautés, ses désastres, elle n'est pas opposée aux desseins de Dieu. Elle est un des instruments de correction dont il se sert pour châtier les nations coupables, pour les éloigner des vices et les rapprocher de lui; mais à côté du mal qui punit, du fléau qui nous frappe, le Divin Maître a voulu placer le baume qui adoucit, le remède qui guérit. De là, les ambulances et les aumôniers pour la guerre.

Notre époque est bien triste dans ses sentiments. Époque de matérialisme.... Elle voudrait étouffer dans le cœur de tous, cet amour de Dieu qui vivifie tout. En instituant les ambulances, elle n'a voulu les revêtir que de ce pâle manteau de la philanthropie; aussi les médicaments, les instruments de chirurgie, et tous les autres secours matériels n'ont pas fait défaut à son génie de la conservation; mais le véritable remède ou plutôt celui qui donne la vérité ou l'efficacité aux remèdes humains : *la religion* personnifiée dans les aumôniers d'ambulances, manque-t-il la plupart du temps, dans ces rendez-vous de la souffrance, de la douleur et de la mort. Il a fallu que Dieu ait soufflé dans le cœur de plusieurs de ses ministres, cet amour de *lui* et du prochain, pour que beaucoup de ces établissements ne soient pas dépourvus du secours que la religion seule sait donner d'une manière efficace. Il était pourtant entré dans l'esprit des fondateurs, d'en faire une œuvre essentiellement pure, essentiellement chrétienne, toute d'amour, comme je vous l'ai dit, et que je me plais à le rappeler : Essentiellement pure, *couleur blanche* du drapeau qui signale l'ambulance, qui conjure le feu ennemi de respecter tout ce qui est placé sous son abri. Essentiellement chrétienne et toute d'amour, *croix rouge*, emblème de Jésus-Christ qui est venu par amour pour les hommes apporter la paix à la terre; Jésus-Christ, qui gémit de toutes les atrocités qui se commettent et qui crie à tous les belligérants de remettre l'épée dans le fourreau et de se serrer dans les étreintes d'une véritable fraternité.... Mais comme la voix de Jésus est peu entendue!... Son signe sacré ne fait plus rien sur l'esprit et le cœur de nos trop barbares ennemis.... Ne s'en servent-ils pas comme moyen de trahison?... Les malheureux!!... Comment pourraient-ils d'ailleurs respecter le signe du Maître, quand ils vivent si loin de sa doctrine? Ils vivent de la vie du fondateur de leur secte malheureuse, aussi je m'explique les profanations sans nombre de tout ce qui touche de près ou de loin à Jésus-Christ; des ministres de la religion catholique, des religieuses, des églises.... Comme mon cœur a été tristement affecté en visitant les églises de Chevilly et d'Arthenay surtout, point de mire de leurs projectiles, objets de leurs convoitises sacriléges.... Non! il n'est pas possible que Dieu accorde la victoire à de pareils monstres!

La France est bien coupable, j'en conviens; la leçon qu'elle reçoit aujourd'hui est bien rude, j'en conviens encore, mais j'ai la ferme espérance que, revenant à de meilleurs sentiments, elle touchera le cœur de Dieu qui est comme une bonne mère. Après avoir donné la correction à son enfant bien-aimé, elle le prend dans ses bras maternels, le couvre de ses tendres baisers et dit ainsi à ce cher coupable, d'une manière bien éloquente, toute la force de son amour qui a dû se faire violence pour ne pas flatter ses écarts, mais pour le ramener au bien, source de tout bonheur. O France, ma bien-aimée patrie, comprends bien!! Ton salut est là!!!...

Mais, mon cher ami, je suis bien loin des ambulances! Revenons-y. Je veux vous dire toute ma pensée; elle pourra déplaire peut-être à plusieurs qui me liront, mais, n'importe, je me suis proposé d'être vrai et utile. Il ne faut point que ma critique jette le découragement dans le cœur de personne, mais *qu'elle porte plutôt à une amélioration que je crois nécessaire.*

Je lisais ces jours-ci dans *mon journal*, la lettre d'un de nos braves mobilisés de la Gironde, écrivant de Montebourg (Manche). Il s'y donne la distraction de rire de cette nuée de citoyens, très-aptes d'ailleurs à porter les armes, s'évertuant à se faire attacher « *à la cordonnerie, à l'habillement, à l'in-* » *firmerie, à l'état-major, à la fourniture ou à* » *l'intendance; demandant n'importe où n'importe* » *quoi pour demeurer au coin du feu qu'ils préfèrent* » *au feu de l'ennemi.* »

Je ne m'attache pas à chacun des objets de convoitise de ces vaillants patriotes, je sortirais de mon cadre; je me borne ici à parler des ambulances : moi aussi, je veux critiquer.

La nécessité de l'ambulance est incontestable. Si je veux dire toute ma pensée, qui est celle de bien d'autres qui ont vu comme moi, j'ajoute qu'elles ne sont pas assez multipliées.

Dans l'ambulance, on respire l'air de Dieu; en ce sens, elle a toutes mes sympathies, elle inspire à mon cœur les sentiments de la plus profonde vénération; mais telle qu'elle est en général, telle que je l'ai vue et appréciée, il y a beaucoup à y réformer.

D'ailleurs j'ai été poussé à l'observation plus scrupuleuse de la chose par la réprobation générale que j'ai entendu formuler, aussi bien par le civil que par le militaire à Tours et à Orléans surtout, où l'on ne peut faire dix pas sans rencontrer des groupes d'*employés d'ambulances* soit à cheval, soit en voiture, le plus grand nombre à pied.... de beaux hommes, resplendissant de jeunesse, de santé, alertes et dont le bras serait plus noblement orné par le chassepot que par le brassard de l'ambulance, et qui devraient convenablement céder leur place à un grand nombre de pères de familles surpris par des *décrets en retard* et aller pour eux prendre rang en présence de l'ennemi. Ils sont propres, vernis, la canne à la main, dans les restaurants, les buffets et les cafés, s'hébergeant d'une manière somptueuse. J'aime à penser que ces jeunes gens, appartenant pour la plupart à des familles favorisées des dons de la fortune, ont la bourse habituellement garnie, et que ces dépenses ne sont point faites aux dépens de l'obole du pauvre, du denier de la veuve, de l'aumône du riche, par conséquent aux dépens de la souffrance du soldat malade ou blessé.

Quelle a été ma douleur surtout de voir le brassard de l'ambulance porté par *des personnes* à mine et coiffure excentriques, à démarche et maintien qui ne révélaient pas l'ange de la piété, la *dispensatrice* des pensées de Dieu et des consolations chrétiennes.

Avant mon voyage, je ne connaissais les ambulances que par le zèle qui a été déployé à Bordeaux, que par la coopération de quelques messieurs, au cœur généreux et patriote, qui se sont employés dès le début à la propagation de cette œuvre charitable et chrétienne; mais j'avoue que mon désappointement a été grand lorsqu'après avoir vu à Orléans ce que je viens de vous raconter; je n'ai rencontré en dehors de cette ville que peu ou point *de ces messieurs....* J'ai visité les camps de Patay, St-Péravy, Sougy, Arthenay, Chevilly, Gidy, Cercottes, j'y suis resté près de quinze jours, je n'y ai vu que trois employés des ambulances, et j'ai eu le plaisir de reconnaître en eux trois Girondins. Un d'entre eux, ancien élève du Petit Séminaire de Bordeaux, occupé avec deux de nos braves aumôniers de la Gironde aux nobles soins de sa charge, a été fait, m'écrit-on, prisonnier, dans la dernière occupation d'Orléans par les Prussiens. Est-il parvenu à s'évader avec les aumôniers pour rejoindre le corps d'armée?

Je l'ignore.

Je dois avouer en l'honneur de la vérité, que n'ayant pas eu le bonheur d'assister à une bataille, je ne puis dire ce que peuvent être ces messieurs au moment de l'action; mais je me suis laissé raconter une histoire par un brave curé d'au delà d'Orléans. Je ne dois pas le nommer ici, mais sa coopération à toutes les œuvres de charité, au milieu des horreurs de la guerre, lui vaudront l'admiration de tous les Français et une belle couronne dans le ciel. Il m'a donc raconté une histoire que je pourrais dire ici, je préfère m'abstenir; mais sa conclusion serait qu'à part quelques exceptions très-louables, précisément parce qu'elles sont rares, ce n'est pas le sentiment chrétien, pas même philanthropique, encore moins *patriotique* qui les a lancés dans la carrière des ambulances.

Je me suis permis de me laisser aller à la critique: elle est je le sais très-facile; ce qui est plus difficile, c'est de donner le moyen de mieux faire. Je n'ai pas l'esprit inventif, je me laisse aller à croire que je l'ai tant soit peu observateur; aussi je vais vous dire, en toute simplicité, ce que j'ai vu et vous choisirez, mon bon ami, ce que vous aurez trouvé le mieux.

J'ai donc vu plusieurs sortes d'ambulances: d'abord celles auxquelles appartiennent les messieurs dont je viens de parler, qui ont loué une maison confortable dans la ville la plus voisine du théâtre de la guerre; *vingt ou vingt-cinq* kilomètres ne sont pas pas une distance à franchir même dans un temps de presse, surtout quand cette ambulance a ajouté à son confortable celui d'une splendide voiture, attelée de deux splendides chevaux, cocher, laquais.... C'est dans ces maisons que ces voitures apportent quelques *blessés privilégiés* pour y recevoir les soins de ces messieurs, *les autres* sont versés dans les hôpitaux ou dans les maisons particulières; je suis loin de plaindre ces derniers.

J'ai vu les ambulances de la troupe régulière; elles sont plus modestes; elles n'ont pas l'extérieur, le luisant des autres; ce sont de simples charrettes très-simplement attelées, recouvertes d'une toile cirée. Elles suivent continuellement l'armée; elles sont nombreuses. Elles remisent sous une halle, auprès d'une ferme ; les *employés* sont des soldats qui au besoin sauront faire le coup de feu. Ils n'ont pas d'*appartements en ville;* ils campent comme le soldat. Il n'y a point pour eux de buffet, de restaurant, de café. Ils mangent la *popote* du soldat. Au moment de l'action, ils installent leurs charrettes par intervalles sur le derrière de l'armée et c'est là que sont apportés les blessés auxquels on prodigue les premiers soins. Elles partent au fur et à mesure qu'elles sont pleines pour les déposer dans les Hôtels-Dieu, où ils trouvent les soins affectueux des sœurs de charité, ces anges de la terre.... et reviennent immédiatement à leur poste.

J'ai vu, dans une rue d'Orléans, un v*icaire général*, le nom de son diocèse m'échappe, entouré de quatre séminaristes, ayant tous les cinq le sac au dos; s'il m'avait été donné de visiter ce bagage, j'y aurais trouvé *un confortant* peut-être pour l'estomac du blessé; j'y aurais vu le livre de la prière, l'huile des malades et le crucifix dont la vue ranime le faible; ils marchaient *à pied*, à pas précipités. Ils avaient hâte de rejoindre l'armée; ils craignaient un instant de retard.... Une seule minute gagnée peut faire tant de bien à une âme qui réclame le ministère du prêtre!!..

Dans un autre endroit : c'était à la gare d'Orléans encore : j'ai vu un prêtre.... à ses côtés *deux mobiles* en costume, sac au dos, toiles et chevilles de campement sur le sac, avec insignes de l'ambulance, récitant tous les trois le bréviaire. Il me fut facile de reconnaître à leur maintien modeste et recueilli des élèves du sanctuaire, engagés dans les ordres sacrés, et ayant quitté le séminaire pour répondre au cri de la patrie en danger. On leur avait appris à aimer leurs frères pour l'amour de Dieu, aussi ils ont volé au secours de leurs frères; ils veulent les suivre sur le champ de bataille, vivre de leur vie, n'avoir pas d'autre abri, d'autre pain que le leur, affronter les mêmes périls, courir les mêmes chances, les assister dans leurs souffrances, les consoler dans leurs peines, verser dans leurs cœurs les douceurs de l'espérance, les inonder des torrents de délices que procure la prière.... C'est bien, braves enfants!... consacrer ainsi les premices de votre vie sacerdotale, aimer les âmes jusqu'au sacrifice, c'est imiter Jésus-Christ, le prêtre par excellence, c'est pour vous l'aurore d'un ministère plein de zèle, de dévouement et d'ineffables consolations.

Quelle force le Gouvernement eût donné à nos armées s'il eût multiplié les aumôniers!... L'aumônier c'est le lien qui attache le soldat à Dieu. Hors de Dieu et sans Dieu il ne peut rien; il ne pourra rien tant qu'on l'éloignera de Dieu. J'ai plaisir en terminant ce sujet de relire avec vous cet appel d'un aumônier militaire aux soldats au commencement de cette trop malheureuse guerre. Cette allocution dépeint admirablement bien l'aumônier, sa mission et les services immenses qu'il rend à la cause

Soldats chrétiens!

« Pendant que notre sainte mère l'Église vous
» bénit, que vos familles prient et espèrent, que la
» patrie entière vous suit et vous regarde avec la
» plus palpitante sympathie, venez prier à votre
» tour! Venez vous mettre sous la garde de *Celui*
» *qui* tient dans ses mains le sort des batailles!...
» Une armée, qui, à la vaillance française, joint
» *le courage de la Foi*, sera invincible à jamais! Le
» sentiment religieux, mais surtout une conscience
» sans reproche centuple l'énergie du combattant.
. . . .
. . . .
» Venez donc, nobles fils du plus ancien et du
» plus beau royaume du Christ! Vous tous qui avez
» appris la prière sur les genoux d'une tendre mère
» chrétienne, et qui certes ne voudriez pas par une
» conscience souillée gâter votre victoire, ni perdre
» *devant Dieu* le mérite d'une mort glorieuse *devant*
» *les hommes :* Venez! venez vous jeter un instant
» dans les bras de vos prêtres, vos meilleurs amis!
» Dites devant le ministre des divines miséricordes

» le généreux *meâ culpâ* des braves! Ensuite une
» pieuse invocation à *Notre Dame de France*, à votre
» bon ange, à votre glorieux patron! Puis relevez-
» vous! Vous volerez à la victoire! Le ciel sera avec
» vous »

P. S. — Ma lettre était terminée, mon cher ami, quand j'ai eu la consolation de voir que bien des inconvénients que j'ai signalés, ont été compris par l'autorité supérieure, et qu'un décret très-sage et très-circonstancié tend à en faire disparaître un grand nombre [1].

---

[1] (Voir *la Province* du 5 janvier 1871.)

LE PATRIOTISME

Nous sommes, mon cher ami, dans un moment bien solennel : la patrie est en danger, elle devrait pouvoir compter sur le zèle, le dévouement et les sacrifices de ses enfants pour sortir de l'état malheureux où elle se trouve. Il est constant que si la France avait du patriotisme bien entendu, elle ne pourrait pas être vaincue; mais a-t-elle? aura-t elle le patriotisme nécessaire pour effectuer cet effort suprême qui la conduit à la victoire?

Je n'ose trop vous exprimer ma pensée... En commençant, je me suis proposé la simplicité; je n'ai voulu vous dire que ce que j'ai vu, tel que je l'ai vu; je n'ai point voulu faire de la politique.... Je conçois en ce qui se passe en moi en ce moment, que si je commençais, je me laisserais entraîner sur une pente bien rapide et souvent remplie d'écueils.

Le patriotisme n'est pas, ne serait pas bien difficile à définir, et, avec un peu de réflexion, nous arriverions à trouver la source de cet *amour de la Patrie* dans le sein de Dieu qui est notre patrie primitive, qui devrait être notre patrie permanente, hors de laquelle il ne peut y avoir de véritable vie, et qui est la patrie de notre espérance, sans laquelle cette pauvre patrie de la terre n'est qu'un triste amas de misères...

Mais ce n'est pas tout de savoir ce qu'est le patriotisme, il faudrait en trouver dans ce moment.... De même que l'amour pur de Dieu est bien rare, de même il nous serait bien difficile de trouver du *pur patriotisme*.

Notre pauvre humanité est trop entachée de son vice d'origine pour arriver à une telle perfection.

Dans tous les élans vers la bienfaisance, la générosité, dans le concours à toutes *les œuvres à l'ordre du jour*, nous verrions beaucoup d'égoïsme, d'intérêts personnels, beaucoup d'esprit de préservation, beaucoup d'amour de la gloire présente et future....

Mais pourquoi suis-je si sévère?.... Pourquoi tant scruter les intentions, les motifs? Acceptons le résultat définitif tel qu'il est, et je vous dirai purement et simplement que j'ai rencontré beaucoup, énormément de patriotisme dans les pays que j'ai traversés et que cet entrain vers le salut de la patrie prenait un accroissement considérable à mesure que j'approchais du théâtre de la guerre, à mesure que je passais dans des contrées qui avaient eu à souffrir du contact de l'ennemi.

Aussi, combien de fois, depuis, je me suis plu *à mentir à moi même, à mentir à mes paroissiens*, voulant stimuler leur zèle, réveiller leur patriotisme, si tant est qu'ils en aient même à l'état latent (mal assez général dans les campagnes de la Gironde), en leur disant *que je leur souhaitais quelques-unes des misères qui sont les conséquences de l'invasion.*

Oui, du patriotisme, il y en a beaucoup ; mais, sous ce rapport, je suis insatiable, je n'en trouve pas assez. Il se manifeste sous diverses formes, suivant les besoins de la cause : il y en a qui le montrent par le sacrifice du sang et de la personne, d'autres par le concours de leurs richesses, de leurs économies, souvent même de leurs privations, d'autres, et ce n'est pas le mode de patriotisme auquel j'attache le moins de prix, par la prière et l'appel à l'intervention de Dieu — Payer de sa personne, c'est bien ! très-bien !!... Offrir à la Patrie une partie..., tout si vous voulez, de cet argent dont elle a besoin, puisque l'argent est la cheville ouvrière de toute entreprise ici-bas, c'est encore bien ! très-bien !!... mais mettre Dieu à partie dans une affaire où il joue le principal rôle, mais lui dire avec ferveur ce : *Dieu de Clotilde !* Ah ! que nos gouvernants, mon bon ami, donneraient du nerf à nos soldats, d'entrain à nos armées, de gloire à nos drapeaux, s'ils comprenaient ce beau et vrai côté du patriotisme!... J'admire les miracles qu'ils ont fait depuis peu de temps. Je m'extasie sur ces armées innombrables levées, équipées, instruites ou en voie de l'être, armées avec armes achetées ou fabriquées. *Et l'ennemi chez nous!!!*. Il y aura là de quoi surprendre plus tard les peuples qui liront l'histoire ; de tels faits leur paraîtront si extraordinaires, que dans leur esprit régnerait le doute le plus profond s'ils n'étaient obligés de se plier aux preuves incontestables de l'authenticité.... Mais quelle ne sera pas leur stupéfaction, quand ils verront qu'un tel peuple aura pu être vaincu!... Eh, mon cher ami, ne serait-ce pas le cas de dire *qu'ils font tout ce qu'il faut excepté ce qu'il faudrait?*.. Ils oublient *une chose*, la principale, *c'est d'éclairer la lanterne*.... C'est qu'ils ne pensent pas que la France de 1870 est toujours la France de Clovis, de Charlemagne, de Saint-Louis, de Louis XIII, et que le Dieu de ces monarques et de tant d'autres aussi chrétiens, veut être le Dieu de la France de 1870.... Que si la France de 1870 veut combattre *sans Dieu, in vanum laboraverunt*....

Je vais vous citer un exemple, mon cher ami, qui vous fera voir que ma pensée n'est pas seulement la mienne, mais celle de beaucoup, celle en particulier d'un artiste que je ne connaissais que de nom ; je le connais maintenant par une œuvre sublime à mon sens. Si vous avez occasion de passer rue Vital-Carles, même n'attendez pas l'occasion, allez-y exprès, la chose en vaut la peine, vous y verrez exposés, chez un marchand de peintures, deux tableaux de Gorin : je ne les voudrais pas là ; je les voudrais dans le *cabinet de méditations* de chacun de nos ministres.... L'un représente la France bien malade, enchaînée à un gibet et foulant aux pieds la religion, pendant qu'autour d'elle ont lieu des fêtes les plus profanes, les plus lassives ... Napoléon III lui présente un breuvage destiné sans doute à lui donner la mort, et elle s'effor e de le repousser.

L'autre, c'est encore la France, mais, cette fois,

l'œil vif, la pose fière et martiale, rayonnante d'espérance. Elle tient d'une main un glaive dégaîné et de l'autre *son drapeau tout lacéré*, qui, dans ses plis, enveloppe le général Trochu. Ce brave Breton, la main droite doucement posée sur l'épaule de la France, et de la gauche (la main du cœur), il lui montre la croix qui apparaît dans le ciel au milieu d'un nuage lumineux, et semble lui dire : *In hoc signo vinces!!..* Comme M. Gorin a bien compris!!.. Je ne puis que le féliciter de son idée, reproduction fidèle sans doute de ses sentiments chrétiens et patriotiques.

Me permettrai-je de lui donner un conseil?... Je ne voudrais pas la religion sous les pieds de la France, mais sous ceux de Napoléon. La France sera toujours ce que ses chefs la feront. Ne voyons-nous pas tous les efforts qu'elle a fait, qu'elle fait, et espérons qu'elle continuera pour porter dignement le titre de Fille aînée de l'Église, qu'elle doit à son attachement inviolable à cette mère chérie.

Je vais donc, mon bon ami, vous dire ce que j'ai vu, ce que l'on m'a raconté; il n'y aura pas probablement beaucoup d'ordre, mais je glane.... vous verrez que le patriotisme, sous les trois formes dont je viens de vous parler, a été compris de beaucoup.

.*. J'étais à Tours.... c'était dans la nuit du 3 au 4 décembre. J'attendais l'heure du départ du train dans la direction de Bordeaux ; la salle d'attente était pleine ; on s'y mouvait avec peine, je causais avec un beau jeune homme que j'avais déjà rencontré ; il portait le costume des zouaves pontificaux. Sur sa poitrine, il portait deux décorations, indice qu'il n'était pas à ses premières armes, et que son sang, il ne leur marchandait pas, quand il s'agissait de le verser pour les bonnes causes.... Et quelles meilleures causes pour lui, Français et catholique, que celles du Souverain Pontife et de la France?... Notre conversation était assez animée quand la porte de la salle s'ouvre et donne entrée à un superbe vieillard à chevelure et barbe blanches, au port majestueux, fusil en bandoulière, sur un costume de zouave pontifical encore. Mon jeune soldat de se lever, d'aller vers lui en me disant : *Excusez, c'est le marquis de .*.* je me joins à eux ; nous causons : mon émotion fut vive, comme la vôtre le sera sans doute aussi, lorsqu'il nous dit avec une grande simplicité, caractère distinctif des nobles cœurs : « *A* » *vingt-six ans j'ai reçu le grade de colonel; à* » *soixante-dix ans je pars volontaire comme simple* » *soldat, par amour pour la Patrie.* » Il m'a été raconté que *ce brave* avait voulu faire sa *veillée des armes* dans les Vosges, et n'avait accepté un engagement dans un corps régulier qu'après avoir délivré sa patrie de *douze envahisseurs.*

.*. Encore à Tours. Cette fois c'est un jeune homme. Le même jour, samedi trois décembre, il passait dans la ville un renfort considérable de troupes : principalement des mobiles se rendant à la gare pour aller prêter main forte à l'armée d'Orléans. Il a dû certainement arriver trop tard.... Je voyais défiler ces régiments tambours et clairons en tête, marchant avec un enthousiasme qui dénotait les dispositions de leur cœur. Parmi eux je vis un soldat qui attira mon attention par sa jeunesse. Je ne pus me défendre de lui demander son âge : *quatorze ans*, me dit-il. Je le croyais pourtant plus âgé.... beau, bien pris, de belle taille, parfaitement équipé comme tous, et le fusil sur l'épaule.... — Mais, mon cher enfant, lui dis-je, comment vous trouverez-vous là ? Qui a pu vous porter à vous engager si jeune ? — Monsieur, me dit-il, je suis dans ce bataillon avec mon père et mon frère aîné....

.*. Il y a une dizaine d'années, un brave marin se trouvait dans un grand danger.... Il craint pour ses jours ; il veut les conserver à tout prix.... N'ayant aucune ressource humaine, il s'adresse au Dieu de son enfance, au Dieu que sa mère lui avait appris à connaître, à aimer et à prier.... Il fait vœu de consacrer dix années de sa vie au Seigneur dans une communauté de la Compagnie de Jésus, de suivre les saintes règles de la maison et de retremper son âme dans les austérités de la pénitence. Les dix années sont écoulées.... La France fait appel aux sentiments patriotiques de ses enfants; notre marin n'est pas sourd à cette voix chérie, il sent de nouveau battre son cœur.... Il abandonnera sa pieuse retraite; il ne peut plus se contenter de prier pour la France, il veut combattre, mourir s'il le faut pour elle.... Les élèves du collége des jésuites, à Poitiers, ont vu, il y a peu de jours, passer le Père .*., qui a endossé le costume militaire, et qui, à l'heure qu'il est, a probablement déjà vaillamment lutté pour la délivrance et la gloire de la Patrie.

.*. Le vingt décembre dernier, dans l'une des communes voisines d'Angers, arrivait de l'armée de la Loire et en droite ligne d'Orléans, un soldat qui s'avisait de rentrer au logis maternel, bien qu'il ne fût en réalité, ni malade, ni blessé.

Il était d'ailleurs exténué de fatigue, sale et ses pieds attestaient suffisamment les longues marches qu'il s'était imposées lui-même en fuyant le combat.

Sa mère l'accueillit froidement; bientôt cependant le sentiment maternel semble devenir le plus fort, et la pauvre femme, après avoir embrassé son fils, le repose, le nettoie, le fortifie et puis le met à table. Durant le repas, cette mère inquiète, regarde, touche, examine la cartouchière de son soldat. Elle l'ouvre enfin.... Elle est pleine!... — Hein, dit-elle, il paraît que tu ne t'es guère battu? Tu as encore toutes tes cartouches! Le gars semble un peu perdre contenance; mais il dévore son repas.

Le reste de l'entrevue fut glacial.

Le repas fini, notre homme, bien lavé, bien brossé, bien restauré, se lève comme rendu à la vie.

Sa mère hésite encore un moment, puis ne pouvant plus contenir son indignation que son cœur maternel était impuissant à étouffer, elle présente brusquement le fusil à son fils et tout son attirail de guerre. F...iche-moi le camp, lui dit-elle — J'ai honte de toi. Tu n'es qu'un fuyard. — Que je ne te revoie pas!... Il faut que tu fasses ton devoir.

Et le soldat partit.

Si je voulais, mon cher ami, relater ici tous les traits de patriotisme *par le sang et la personne*, je ferais des volumes. Le Français est généralement généreux de son sang, et les traits de sa bravoure et de son désintéressement sont nombreux et éclatants. J'aurais à vous parler de Cathelineau, de Charette, nobles et dignes héritiers de noms illustres dont le patriotisme fait l'admiration du monde tout entier.... Et même, sans sortir de notre Gironde, ne verrons-nous pas avec fierté dans les annales de cette campagne des noms qui nous sont chers : de Verthamont, de Curzay, de Lur-Saluces, de Carayon-Latour, et tant d'autres qui, le cœur plein de cet amour sacré de la Patrie, ont abandonné le bien-être de la vie privée, ornée de tous les agréments que peuvent procurer les avantages de la fortune, les douceurs de la famille pour contribuer de toute l'énergie de leur bras à son salut et à sa gloire.

Si je viens de craindre d'être trop long dans l'énumération des traits de patriotisme par le sang; que n'ai-je pas à redouter dans l'énumération des traits de générosité de zèle et de désintéressement?... J'ai vu en effet de bien belles choses à Orléans. Pauvre ville maintenant, qui sentira bien longtemps le poids de l'oppression dont elle a été et est encore la victime : — Eh bien, malgré les réquisitions énormes dont elle a été l'objet de la part des Prussiens, malgré les impôts forcés, conséquence de sa position près du théâtre de la guerre; malgré les pertes considérables qu'elle a eu à subir, j'ai vu de la générosité du dévouement, du zèle pour les blessés. — Les Orléanais ont le cœur compatissant ; ils ne seraient pas Français!... Presque chaque maison a eu à cœur de s'ouvrir pour recevoir quelques soldats et leur donner les soins. Orléans n'a pas voulu profiter de la circonstance pour pressurer ceux qui ont eu besoin de son industrie et de son commerce — Orléans a fait plus :

Il vous souvient de ce que je vous ai dit dans une de mes lettres des camps de Gidy et autres?... Terrain d'une nature telle que nos mobiles étaient dans la nécessité de camper *dans l'eau*. Monseigneur l'évêque d'Orléans, dont le patriotisme lui a valu d'être prisonnier dans son palais et d'avoir à y soigner cinq cents Prussiens, fait appel au bon cœur des habitants d'Orléans. En un instant une liste de souscription est couverte, et nos mobiles reçoivent des convois de paille pour le campement. Cette souscription est propre à Orléans; elle n'infirme en rien celles qui sont ouvertes dans toute la France auxquelles elle s'associe et pour les blessés et pour les prisonniers, etc. Orléans n'est pas demeuré en arrière du courant général.

Parlons un peu de Bordeaux qui certainement ne le cède à aucune ville. Depuis le commencement des opérations militaires, quelles sommes immenses sont sorties de la bourse de ses habitants et de celles des villes et villages du département! Souscriptions de toutes sortes, soit pour aider aux frais de la guerre, soit pour les soldats, soit pour les blessés, soit pour l'équipement des divers corps francs, soit pour les prisonniers, soit pour fournir des chaussures et des vêtements chauds à nos mobiles, etc., etc. Honneur à Bordeaux, patriote!! Que vous dirai-je des dons en nature?... Ils ne font pas défaut!...

Si je n'avais vu que Bordeaux, je n'aurais certainement pas écrit ce que j'ai dit des ambulances. Il est certain, mon cher ami, qu'en aucun endroit, ces établissements de *patriotique charité* n'ont été organisés avec le désintéressement, la prudence, l'intelligence du comité bordelais, aidé du concours délicat et ingénieux des dames de la ville.

Si vous n'étiez de Bordeaux, comme moi, et que vous fussiez à même de l'ignorer, je vous dirais le petit commerce bien lucratif, les échanges avantageux, l'industrie ingénieuse, parfois délicatement friponne de ces *bonnes courtières de la charité;* ces ouvroirs intéressants et intéressés, travaillant continuellement et de jours et de nuits pour la confection de tout ce qui peut procurer un bien-être, un adoucissement à la souffrance et à la misère de nos pauvres soldats; ces fêtes religieuses organisées sous leur patronage. Mais vous avez certainement recueilli, comme moi, ce témoignage qui nous rend fier d'être Bordelais; que si des couronnes devaient être données pour récompenser la charité, Bordeaux en aurait une des premières et des plus belles.

Je vais terminer ma lettre, cher ami, en vous racontant une manifestation qui a eu lieu dans le département de la Haute-Loire, manifestation qui se reproduit à chaque instant et dans toutes les parties de notre France catholique. Je vous donne le récit de mon chrétien correspondant :

« La manifestation catholique a été des plus imposantes. Les hommes *seu's* étaient convoqués à cette réunion; ils sont venus en rangs serrés affirmer leur foi et se jeter avec confiance aux pieds de la vierge du Puy, vénérée depuis des siècles comme la protectrice de la cité et son refuge dans les temps de **calamités** publiques. Toutes les classes de la sociéte se trouvaient représentées dans cette assemblée imposante: le pauvre comme le riche, l'ouvrier, le négociant, le magistrat, le soldat, près de trois mille hommes, tous avaient tenu à honneur de venir prier pour détourner de la France, si accablée, la colère d'un Dieu justement irrité, et attirer sur notre armée la bénédiction du ciel.

» Dans une chaleureuse et pathétique improvisation, Monseigneur l'évêque du Puy a cherché, devant son auditoire profondément ému, les causes de nos inexplicables désastres.

» Tout en faisant la part de l'impéritie ou de l'imprévoyance de ceux qui ont eu les premières responsabilités de cette guerre fatale, il ne saurait attribuer à la seule insuffisance de nos forces, les malheurs qui nous ont frappés; la France a prouvé mainte fois sur les champs de bataille, que la victoire ne reste pas aveuglément fidèle aux nombreux bataillons. Si de telles calamités nous accablent, c'est bien plutôt parce que le Dieu des armées a cessé de combattre avec nous; la France n'est plus la France des premiers âges, la terre privilégiée de la foi et de la pratique religieuse, la fille aînée de l'Église, la sentinelle avancée et le défenseur attitré du saint Siége apostolique.

» Après avoir montré, dans nos défaillances morales, dans l'oubli des grands devoirs auxquels la nation française resta si longtemps fidèle, les causes de notre déchéance et de nos humiliations, le prélat s'est attaché à ranimer au fond de tous ces cœurs de chrétiens les croyances et les vertus antiques qui enfantaient des miracles. S'appuyant sur les paroles de l'Évangile qu'il avait prises pour texte de son discours, il a fait voir dans les prières d'un peuple chrétien, les ambassadeurs chargés de porter aux pieds de Dieu les supplications de la paix.

» Ce discours terminé, une quête a été faite en faveur de nos prisonniers d'Allemagne; puis un Salut solennel a été donné par le vénérable évêque, qui d'une voix pénétrante, a prononcé, à genoux devant le Saint-Sacrement, une amende honorable dans laquelle il avait mis tout son cœur, et qui a vivement impressionné toute cette foule nombreuse et recueillie.

» Sur son invitation, un grand nombre des assistants ont voulu achever le pèlerinage en montant au rocher où s'élève la statue colossale de Notre-Dame de France; là, unissant leurs voix dans une dernière prière, ils ont supplié la mère du Sauveur d'écarter de la ville, du pays et des montagnes du Velay, les horreurs de l'invasion, et de porter aux pieds de son divin Fils des paroles de miséricorde pour le salut de la France.

» Ce fut là, dit un témoin oculaire, une grande journée, où l'on a vu se relever de toute sa hauteur le catholique Velay, et tous ces chrétiens semblaient dire par leur attitude.... Qui donc a pu croire que **nous n'avions plus de foi?** »

Oui, il y a de la foi en France, pour peu qu'elle soit aidée, elle deviendrait de force *à transporter les montagnes*. Lisez ce trait :

« Un corps de troupes allemandes venait d'envahir le village de Velars; toutes les maisons se remplissaient de soldats. Mais quelque entassés que fussent en chacune d'elles ces hôtes incommodes, il en restait encore un grand nombre sur la place publique, et nul autre lieu ne demeurait inoccupé que l'église, construite il y a une dizaine d'années, et qui fait le plus grand honneur à la paroisse. Grande fut l'émotion de tous lorsque les soldats se présentant à la porte de l'édifice demandèrent à y entrer; l'absence momentanée du curé ne fait qu'augmenter l'embarras des bons habitants de Velars : en même temps qu'ils sentaient trop bien l'impossibilité de résister aux injonctions de l'ennemi, leur foi s'alarmant justement à la pensée de laisser le saint Sacrement au milieu de soldats d'autant moins respectueux pour nos mystères, qu'un grand nombre d'entre eux appartiennent à l'hérésie. Mais comment transporter l'auguste Sacrement que le ministre sacré a seul le droit de toucher? La difficulté était trop pressante pour songer à appeler un prêtre pieux des environs.

» Comprenant qu'à défaut d'une main consacrée il fallait du moins un cœur pur pour oser remplir une telle fonction, les hommes voulaient en déférer l'honneur aux jeunes filles; mais celles-ci se récusèrent comme évidemment impropres à un ministère dont leur sexe les exclut. On eut la pensée de s'adresser à un jeune garçon qui avait fait depuis peu sa première communion et qui passait pour le plus pieux de ses condisciples.

» A cette proposition inattendue, la foi timorée de l'enfant se trouble, et comme on le presse vivement, il répond, les larmes aux yeux : « Je ne puis pas... j'ai des péchés! » L'embarras devenait extrême. Une idée aussi touchante qu'ingénieuse s'offrit à l'esprit d'un paroissien et fut accueillie par tous avec enthousiasme.

— 48 —

» On choisit un petit enfant de quatre ans environ, plein d'ingénuité et de grâce ; on le revêt de ses plus beaux habits, et on lui explique du mieux que l'on peut ce qu'il aura à faire. Le père de l'enfant le prend dans ses bras. Accompagné d'un groupe de fidèles qui tenaient à la main des cierges allumés, il marche vers l'autel, en monte les degrés, et, dirigeant la petite main de l'enfant, lui fait ouvrir la porte du tabernacle. Après s'être incliné avec respect, lui fait prendre le vase qui renferme la sainte eucharistie ; puis le pieux cortège se rend à la sacristie, l'enfant porté par le père, tenant toujours dans ses mains innocentes le saint des saints qui, nous en sommes persuadés, agréait ce naïf hommage et répandait ses secrètes bénédictions sur ceux qui le lui avait préparé.

» Tel est le récit que m'a transmis une personne digne de foi. Je ne sais si je m'abuse, mais il me semble qu'entre les triomphes que les âges chrétiens ont vu décerner au sacrement de nos autels, il en est peu qui respirent un plus pur parfum de foi et de poésie. »

Puissions-nous, tous Français sans aucune exception : gouvernants et gouvernés, puissants et faibles, riches et pauvres, fondre nos cœurs dans la même pensée, les animer du même désir et tomber d'un commun accord aux pieds du Dieu des miséricordes et implorer sa divine clémence.

DIEU DE CLOTILDE, SI VOUS NOUS ACCORDEZ LA VICTOIRE, NOUS N'AURONS PAS D'AUTRE DIEU QUE VOUS !

Bordeaux — imp. Duverdier et C¹ᵉ (Durand, directeur), rue Gouvion.

www.ingramcontent.com/pod-product-compliance
Lightning Source LLC
Chambersburg PA
CBHW060937050426
42453CB00009B/1043